國家圖書館出版品預行編目資料

李維‧史特勞斯 / 王明心著;放藝術工作室繪.－
－初版一刷.－－臺北市: 三民, 2018
面；　公分－－(兒童文學叢書/創意MAKER)

ISBN 978-957-14-6369-8　(精裝)

1. 史特勞斯(Strauss, Levi, 1829-1902) 2. 傳記
3. 通俗作品 4. 美國

781.08　　　　　　　　　　　　　　106023422

© 李維‧史特勞斯

著 作 人	王明心
繪　　者	放藝術工作室
主　　編	張燕風
企劃編輯	郭心蘭
責任編輯	徐子茹
美術設計	黃愛平
發 行 人	劉振強
著作財產權人	三民書局股份有限公司
發 行 所	三民書局股份有限公司
	地址　臺北市復興北路386號
	電話　(02)25006600
	郵撥帳號　0009998-5
門 市 部	(復北店) 臺北市復興北路386號
	(重南店) 臺北市重慶南路一段61號
出版日期	初版一刷　2018年1月
編　　號	S 858021

行政院新聞局登記證局版臺業字第〇二〇〇號

有著作權‧不准侵害

ISBN　978-957-14-6369-8　　(精裝)

http://www.sanmin.com.tw　三民網路書店

創意
MAKER

李維‧史特勞斯 LEVI STRAUSS

牛仔褲先生

王明心 / 著　放藝術工作室 / 繪

三民書局

主編的話　　　抬頭見雲

　　隨著「近代領航人物」系列廣獲好評，並獲得出版獎項的肯定，三民書局的出版團隊也更有信心繼續推出更多優良兒童讀物。

　　只是接下來該選什麼作為新系列的主題呢？我和編輯們一起熱議。大家思考間，偶然抬起頭，見到窗外正飄過朵朵白雲。

　　有人興奮的說：「快看！大畫家畢卡索一手拿調色盤，一手拿畫筆，正在彩繪奇妙的雲朵！」

　　是呀！再看那波浪一般的雲層上，建築大師高第還在搭建他的尖塔！

　　左上角，艾雪先生舞動著他的魔幻畫筆，捕捉宇宙的無限大，看見了嗎？

　　嘿！盛田昭夫在雲層中找到了他最喜愛的 CD，正把它放入他的隨身聽……

　　閃亮的原子小金剛在手塚治虫大筆一揮下，從雲霄中破衝而出！

　　在雲端，樂高積木堆砌的太空梭，想飛上月球。

　　麥克沃特兄弟正在測量哪一朵雲飄速最快，能夠成為金氏世界紀錄。

　　……

　　有了，新的叢書就鎖定在「創意人物」這個主題上吧！

　　大家同聲附和：「對，創意實在太重要了！我們應該要用淺顯的文字、豐富的圖畫，來為小讀者們說創意人物的故事。」

　　現代生活中，每天我們都會聽見、看見和接觸到「創意」這兩個字。但是，「創意」到底是什麼？有人說，「創意」就是好點子。但好點子是如何形成的？又是在什麼樣的環境助長下，才能將好點子付諸實現，推動人類不斷向前邁進？

　　編輯團隊為此挑選了二十個有啟發性的故事，希望解答上述的問題，並鼓勵小讀者們能像書中人物一般對事物有好奇心，懂得問「為什麼」，常常想「假如說」，努力試「怎麼做」。讓想像力充分發揮，讓好點子源源不絕。老師、家長和社會大眾也可以藉此叢書，思索、探討在什麼樣的養成教育和生長環境裡，才能有效的導引兒童走向創意之路？

　　雲屬於大自然，它千變萬化，自古便帶給人們無窮想像；雲屬於艾雪、盛田昭夫、高第、畢卡索……這些有突出想法的人，雲能不斷激發他們的創意；雲也屬於作者、插畫家和編輯團隊，在合作的過程中，大家都曾經共享它的啟發。

　　現在，雲也屬於本書的讀者。在看完這本書以後，若有任何想法或好點子願意與大家分享，歡迎寄到編輯部的信箱 sanmin6f@sanmin.com.tw。讀者的鼓勵與建議，永遠是編輯團隊持續努力、成長的最大動力。

張燕風　2015 年春寫於加州

作者的話

　　有一種服裝走遍天下無敵手，上自君王下至庶民，男女老幼，大家都愛，那就是牛仔褲。

　　幾乎每個人都至少有一條牛仔褲，這話不誇張。為什麼大家都喜歡？答案不外乎舒適、耐穿、輕鬆、隨意，或簡單一個字，酷。可是它的魅力不止於此。

　　牛仔褲出現之前，服裝顯示了一個人的性別、身分、地位、經濟狀況等外在條件。不必開口，別人一看衣服就知道此人來自社會哪個階層。

　　牛仔褲打破魔咒。大家都穿牛仔褲，看不出哪個是富人，哪個是貧民。富人不覺得丟臉，貧民也不因此驕傲。牛仔褲象徵了自由、平等、開放的精神。

　　牛仔褲的英文是 jeans，緣自歐洲一個生產粗布的小鎮名字，中文取名則直接賦予這個服裝一個生動靈活的形象。美國西部牛仔是冒險犯難、熱情無懼的拓荒者，牛仔褲這個名詞具備了粗曠、探險、不畏挑戰、不落窠臼的意義，比英文更表彰牛仔褲的真髓。

　　誕生於 1873 年的牛仔褲，直到 21 世紀的今天，受喜愛的程度和象徵的精神與意義依然屹立不搖。這本書講的就是促成這個劃時代、跨國界產品的人——李維‧史特勞斯。

　　他的一生和牛仔褲精神相互輝映。移民到美國的第二年，才 19 歲的李維英語還不通、環境也不熟，就決定隻身前往西部闖天下，冒險精神十足。紐約到舊金山橫跨的是一整個美洲大陸，那時東西岸還沒開通，得先下到中美洲最南端的巴拿馬，再轉彎到西岸，路途險阻，但他毫無懼色。到舊金山後，開設了自己的商店，做得有聲有色，經營長才發揮無遺。藝高膽大奠下他的商業基礎，牛仔褲造就他的傳奇，而傳奇始自創意。礦工穿著傳統棉布褲做工，一天到晚磨破，補了又補。他想到用帆布來縫製工作褲，一炮而紅，大受歡迎。

　　帆布很牢固，但穿著不舒服，經過思考試驗，改用單寧布，果然既耐磨又舒適。可是口袋不牢，無法承受礦工挖到的寶，一位裁縫發現可用鉚釘固定，李維的生意眼馬上看好這個創意，立刻申請專利，投資製造。有鉚釘的牛仔褲不但造福礦工，也使所有穿著的人都受惠，流行遍及全世界，成為美國標誌，也影響全球時尚。

　　牛仔褲讓李維賺足了錢，可是他的心靈比錢包更富有。他捐大筆善款幫助孤兒、寡婦、窮人、殘障人士、賑災、贊助地方建設，又在加州大學設立將近 30 個獎學金，鼓勵教育。他要所有人都叫他李維就好，包括工友和僕人，因為堅信人生而平等，沒有誰比誰高貴。

　　希望讀完這本書的你，再穿起牛仔褲，也有與以往不同的感受。你穿的是傳奇和它所蘊涵的精神，那是李維最大的創意。

尋寶去！

「媽媽，媽媽！」宇新滿臉興奮，十萬火急的衝回家，一頭撞上正在穿鞋的姐姐宇晴。

「幹嘛啦？這麼急，尋到寶了嗎？」宇晴穩住了身子，把另一隻鞋也套上。「啊？妳怎麼知道？」宇新睜大了眼睛，姐姐也太神通廣大了吧，居然不用說就知道。

宇晴笑著拿起地上的鋼琴譜袋說：「還有什麼事情比尋寶更能讓你這麼高興的？」這其實是個

家庭笑話。

宇新有一次和家人去大賣場買東西，覺得跟班逛街太無聊，順手往販賣機的出貨口一探，居然摸出一罐雪碧。宇新高興的喝著，拒絕和哥哥姐姐分享，認為這是他辛苦陪大家逛街，老天賞他的獎品，被哥哥姐姐笑小氣巴拉。

還有一次爸爸在捷運站買票時，宇新在另一個售票機的退幣口摸到兩枚十元硬幣，二話不說，馬上藏進口袋。回到家把玩硬幣時，被媽媽看到，才說出實情。媽媽說撿到錢，要交給警察，不是自己的東西不能占為己

有。哥哥姐姐開玩笑的在旁邊起鬨喊著:「分贓!分贓!」宇新緊張的抓著錢,就怕被拿走,惹得他們更樂。之後,宇新經過販賣機或售票機,常不由自主的伸手往出口探一下,哥哥姐姐揶揄宇新是「四處尋寶的小氣財神」。

可是這次不一樣,是真的尋寶,而且是在學校裡!

「你回來了?」媽媽從廚房出來,剛洗了菜的手在圍裙上擦乾。

宇新趕快迎上,迫不及待要跟媽媽報告大好消息。「明天的體育課,柯老師要帶大家玩大地尋寶遊戲。」

「那是什麼?怎麼玩?」媽媽

也很有興趣。

宇新窩進媽媽的懷裡說：「我們要分組，每一組都會拿到一張尋寶指示，要按照上面說的去找、去克服難關，第一個找到寶物的那組就贏了。」

「聽起來很好玩，有什麼難關要過？」媽媽把宇新因流汗而黏答答的手放回他自己身上。

「那可多了，」宇新的手又搭上媽媽的手臂，「像要從這條線滾到那條線啦、仰臥起坐三十下啦、走平衡木、整組人都縮進一個大箱子裡、在校園撿十個垃圾、匍匐前進搶旗啦，一想到就好高興！」

「哦，會弄得很髒吧？那你

明天穿小阿姨買給你的那條牛仔褲，又耐磨又耐髒。」媽媽一把拉起宇新，「發明牛仔褲的李維當初為淘金的人發明牛仔褲，一定沒想到現在讓小孩穿來玩大地遊戲，剛好！」

「什麼是淘金？」宇新從沒聽過這個字眼。

「淘金啊，就像尋寶一樣呀，在河裡找著淘著，就撈出金子來了。」

「妳是說牛仔褲是發明給在河裡尋寶的人穿的？他們真的撈到寶物了？哇！媽，妳怎麼知道這些事呀？」

「媽媽大學念織品服裝，還寫過牛仔褲的研究報告呢。」

宇新整個人興奮起來了，「媽，那妳趕快跟我說淘金的故事！」

媽媽推著宇新說：「你先洗澡、吃飯、做完功課，我再告訴你。」

「好好好，我把事情做完了，妳一定要跟我說怎麼在河裡尋寶哦！」宇新再三確定會聽到淘金的故事，對他來說，平白得寶的事真是太吸引人了。

淘金去！

「媽媽，我寫完功課了，我們來淘金吧！」宇新熱切的想知道怎麼在河裡找寶物。

媽媽把桌上四散的報紙收攏，在宇新旁邊坐下。

「大概一百多年前，美國加州有個木匠叫馬歇爾，被一位沙特先生叫去幫他蓋鋸木廠，結果他在工地旁邊的小河裡發現了金子。」

「河裡有金子？那大家不都搶著去撈？」宇新睜大眼睛，覺得淘金聽起來比去販賣機淘寶好太多了。

GOLD RUSH!

BY L. D. FUNART

SAN FRANCISCO, MARCH 15, 1848.

ere is typical-progressively larger orgalized knowl-ogress from value miner-se metals).

h the discov-n individual. hed from the l miners with pan or simi-e it is clear ring sediment metres, the kers or sluice oup can wash times faster ning the gold ost no capital an or equip-the spot, and e low invest-nit weight of dust and gold medium of ld rushes to ns.

es of ground nd dredging e used.

媽ㄇㄚˉ媽ㄇㄚ˙笑ㄒㄧㄠˋ著ㄓㄜ˙說ㄕㄨㄛ:「是ㄕˋ呀ㄚ˙，馬ㄇㄚˇ歇ㄒㄧㄝ爾ㄦˇ和ㄏㄢˋ沙ㄕㄚ特ㄊㄜˋ本ㄅㄣˇ來ㄌㄞˊ是ㄕˋ想ㄒㄧㄤˇ悄ㄑㄧㄠ悄ㄑㄧㄠ把ㄅㄚˇ金ㄐㄧㄣ子ㄗ˙撈ㄌㄠ出ㄔㄨ來ㄌㄞˊ，可ㄎㄜˇ是ㄕˋ被ㄅㄟˋ人ㄖㄣˊ知ㄓ道ㄉㄠˋ了ㄌㄜ˙。他ㄊㄚ們ㄇㄣ˙1月ㄩㄝˋ底ㄉㄧˇ發ㄈㄚ現ㄒㄧㄢˋ，3月ㄩㄝˋ消ㄒㄧㄠ息ㄒㄧ就ㄐㄧㄡˋ上ㄕㄤˋ了ㄌㄜ˙報ㄅㄠˋ，6月ㄩㄝˋ時ㄕˊ，附ㄈㄨˋ近ㄐㄧㄣˋ舊ㄐㄧㄡˋ金ㄐㄧㄣ山ㄕㄢ城ㄔㄥˊ四ㄙˋ分ㄈㄣ之ㄓ三ㄙㄢ的ㄉㄜ˙男ㄋㄢˊ人ㄖㄣˊ都ㄉㄡ趕ㄍㄢˇ到ㄉㄠˋ那ㄋㄚˋ兒ㄦ淘ㄊㄠˊ金ㄐㄧㄣ了ㄌㄜ˙。到ㄉㄠˋ了ㄌㄜ˙8月ㄩㄝˋ，已ㄧˇ經ㄐㄧㄥ有ㄧㄡˇ四ㄙˋ千ㄑㄧㄢ人ㄖㄣˊ擠ㄐㄧˇ在ㄗㄞˋ那ㄋㄚˋ個ㄍㄜ˙小ㄒㄧㄠˇ小ㄒㄧㄠˇ地ㄉㄧˋ方ㄈㄤ了ㄌㄜ˙。」

JAMES W. MARSHALL

GOLD MINE FOUND.

In the newly made raceway of the Saw Mill recently ereeted by Captain Sutter, on the American Fork, gold has been found in considerable quantities.

GOL CAL

One pe dollars w tia, gathe time. Cal rich in m chances capitalist found in of the cou

Califor seems in James W discovery Coloma, been ar some fro Europe their han dusts.

Hot o first rus were me and sal helped es Coloma.

THE ADMINSTRATION GRASPING AT THE SWORD, AS WELL AS THE MONEY OF THE NATION.

The Report of the Secretary of War, ccompanying the President's Message to the

One half of theat number to be c kept in active service.

Here follows that part of the Se Report wich relates to the subject, vi

"It is proposed to divide the Uni "into eight militia districts, and to

「哇，那要是我，我也要去。」宇新也織起了發財夢。

「不只是那附近的人，一聽說有人在河裡淘到金，一下子各地人馬都去了，有的從別州，有的坐船從夏威夷、墨西哥、智利、祕魯，甚至中國，大家借了錢、抵押房屋、帶著儲蓄，大老遠去圓發財夢，五年內舊金山已經湧進了三十萬名淘金客。」

A gold rush
that brings an
their fortune.
place in the 1
New Zealand,
Africa and the
er gold rushes

The wealth t
ed widely beca
costs and low
gold mining i
most diggers
people made la
chants and tra
large profits. T
world's gold
trade and inv
written extens
trade, coloniza
tory associated

Gold rushes
general buoyan
in income mob
individual mi
wealthy almost
the California

Gold rushes

ight thirty
New Helve-
in a short
o doubt, is
alth; great
scientific
has been
every part

d region
ble. After
all's great
r's Mill in
iners have
n droves,
away as
a, to get
e valuable

els of the
ld seekers
gamblers,
epers who
the town of

Martin Van Buren's regard for revolutionary Veterans.

Old Soldierds,—General Harrison is the author of the act of Congress giving
pensions to the soldires of the Revolution, and was then a United States Senator

「有那麼多人？那金子夠嗎？」自己不在其中，宇新想著都心急。

「從那條河開始，人們四處去找金礦，的確沒有幾年，金子就被挖得差不多了。」

「啊？沒了？太可惜了。」宇新洩氣得好像自己是那群淘金客之一。

「咦，對了，」宇新忽然想起來，「那跟我的牛仔褲有什麼關係？」

「對呀，差點忘了。」媽媽好高興有提醒，淘金的好多生來，淘生活需就有人像賣鐵鏟的、賣食物的，還有賣衣服、鞋子、日用品、醫藥、理髮店、旅舍……什麼都有。

淘金客必備！
帶著走的專屬食物貯藏室
一箱就夠
隨身廚房
礦工貿易公司

宇新的

「因為人多了，意跟著金客的要什麼，賣什麼，

「還有賣牛仔褲的。」宇新覺得自己好聰明。

「那個時候還沒有牛仔褲

呢。」媽媽笑了起來，「那個時候人們穿的是棉褲，礦工在石渣河床或礦坑裡做苦力時，很快就把褲子磨破了，就算用新布補上破洞，一下子又磨破，只好再補，天天破，天天補。」

「那怎麼辦？」宇新問。

「那時有個人叫李維，就是你那條牛仔褲的牌子，他賣的牛仔褲，既耐穿又不顯髒，礦工穿著到處向別人炫耀他們穿的是『不會破的神奇褲』，大家爭相搶購，李維就這麼賺了大錢，變成大富翁。」

「賣褲子可以賺大錢？」宇新的眼睛亮起來了，「媽媽，妳可以再跟我說一些李維的故事嗎？」

「可以，」媽媽同意，「我也很希望你能多知道一些他的故事，不過明天還要上學，你得先去睡覺了，明天再講。」

「只要再一點點就好嘛。」宇新真不願意再等一天。

「你忘了明天有大地尋寶遊戲嗎？你得睡飽有體力才行啊。」

「啊，對哦。」一想到明天的體育課，宇新興奮起來，「那我去睡了。明天，李維的故事！」宇新叮嚀媽媽。

走進臥房，宇新把牛仔褲放到椅子上。一想到明天穿的是「發財褲」，宇新覺得尋寶遊戲大有勝算。

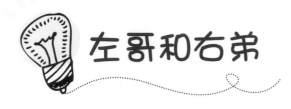

左哥和右弟

「左哥，他睡著了嗎？」

「應該是吧，呼吸很勻稱了。」

宇新的房間裡有一盞小夜燈亮著，在幽暗的光線中，只有宇新睡在床上，那麼是誰在說話？

「那我們起來走動走動吧。」

「我不要，明天這孩子要帶上我們滾半天呢，我要好好養精蓄銳一下。」

原來是宇新掛在椅子上的牛仔褲，趁著小主人睡覺時發言。

「你都已經在衣櫃裡躺兩天了，還要休息？」

被叫左哥的左褲管伸伸懶腰說：「是睡兩天了，好吧，陪你聊聊天。」

「左哥，你剛剛有沒有聽到宇新想聽淘金的故事？我一直搞不懂，為什麼當年平白無故河裡會突然出現金沙？」

「誰跟你說是突然的？那是經過好幾億年的演變才形成的現象。右弟，平日叫你多讀點書，你就不肯。」被叫哥的人果然訓起話來架勢十足。

右弟不好意思的搔搔自己的膝蓋，說：「好幾億年？那的確超過我的知識範圍了。到底是怎麼一回事？」

左哥挺直了腰身，準備授課了：「根據科學家的研究，數百萬年前，加州其實是在海底下，後來才浮出水面。」

「什麼？你說加州以前是一片大海？那是什麼力量將土地一把從海裡推上來的？」

019

「嗯，是火山……」

「海裡的火焰把土地噴上來了！」右弟興奮得眼前出現放煙火的景象。

「你能不能有點耐性？」左哥最討厭說話時被人打斷。

「好，好，您說。」右弟把拉鍊拉上，決定閉口不言。

「海底下的板塊互相撞擊，邊緣地區形成了火山，這些火山一爆發，地層發生變化，加州這塊土地才浮上了水面。」

「那金子是從哪裡來的？」右弟還是忍不住開口了。

左哥為了表

現大哥風範，不跟右弟計較他的急躁，繼續說：「火山爆發時，把藏在地下的金元素帶到地層表面，隨著冷卻後的岩漿，變成了山脈裡的岩石。」

「變成山裡的石頭了？我怎麼聽宇新媽媽說是去河裡撈的？」右弟恨不得左哥馬上講到重點。

左哥一眼看出他的心思，斜著眼說：「這都是重點好嗎？」被左哥識破，右弟有點

不好意思。左哥清一下喉嚨，恢復講課：「經過幾百萬年的風化，這些岩石變成金沙，順著河水流下，有的就滾成了顆粒狀，沉積在河床上，就這麼被叫馬歇爾的木匠發現了。」

右弟打了一個大呵欠，這些科學知識對他來說一時還真無法完全消化。

「左哥，我們睡吧，明天還得滾上半天。」

「我早跟你說了。」左哥和右弟抖動一下身體，兩條褲管互相貼著，宇新的牛仔褲又整齊的掛回椅背上。

移民美國

　　媽媽把衣服從烘乾機裡拿出來，坐在沙發上摺著，宇新一腳踏進門，一邊大叫：「餓死了！累死了！」說著就要往沙發上躺。

　　「哎呀呀，」媽媽趕忙把衣服挪開，「全身髒兮兮，先去洗澡，至少先把你那條髒牛仔褲換下。」

　　低頭看自己的牛仔褲一眼，宇新得意的說：「我的髒牛仔褲可是今天的功臣呢。我靠著它在地上滾了一整堂體育課。好，先去洗澡。出來後，我要吃東西。」

　　「去吧，出來就準備好了。」媽媽承諾。

　　宇新洗好澡出了浴室，甩著還溼的頭髮，看到餐桌上有一碗東西，宇新馬上像餓虎撲羊般衝過去：「這是什麼？仙草花生紅豆湯！」

　　「吃慢點，別噎到了。」看著宇新狼吞虎嚥的樣子，媽媽提醒著。

　　「啊，好好吃。」宇新靠在椅背上，心滿意足。「李維有吃過這麼好吃的東西嗎？」

　　「什麼？」媽媽愣了一下，繼而笑出來，「你還記得他啊？」

　　「那當然，我今天穿著李維的發財褲玩大地遊戲，所向無敵呢。」宇新準備要好好研究李維是怎麼成為富翁的。

「李維啊，他和你一樣，是家裡最小的孩子。」這個開頭，宇新非常喜歡。

「媽，我可不可以不去上學了？」吃著燕麥粥的李維抬頭問正在煎蛋的媽媽。

「怎麼啦？」史特勞斯太太把蛋鏟起，放到餐桌上的盤子裡，自己也坐到小兒子旁邊。

「每次我走到街角時，最怕遇見那群德國孩子。」

「他們怎麼了？」

「他們一看見我就喊我猶太蟲，尤其是那個叫強森的，說蟲

是讓人捕捉踐踏的，拿著彈弓就射。」李維一想到等一下可能會遇見的情景，頭皮都麻了起來。

「你不是都和隔壁丹尼爾一起上學嗎？他們也敢這樣？」

「當然，丹尼爾也是一條蟲啊，每次一見到強森那夥人，我和丹尼爾就分兩路跑，分散他們的注意力。」

「哎呀，好可憐哦。」宇新覺得自己跟李維已經有關聯了。

媽媽解釋他們的狀況：「那時住在德國的猶太人很受歧視，不能自己選擇要住哪裡，只被准許在一個小地區居住，又因為他們的宗教信仰，要付額外的房屋稅和營業稅，處處受限，還常被殺害、毆打。後來李維的爸爸去世後，媽媽就帶著他和兩個姐姐去投靠先

到美國紐約闖天下的哥哥們。」

「耶，太好了！那他們到美國後，日子有比較好過嗎？」

「好多了，那時的美國是個年輕的國家，移民的天堂，只要肯努力，大家都有機會出人頭地。李維到了美國，先在兩個哥哥開的乾貨店裡幫忙。」

「李維，你把這裡的布料整理一下，我等一下要送去霍爾先生的裁縫店。」

「好的。對了，哥，今天達斯丁先生說要來收水桶的貨款，還有剛進來的那批英國的夏衣，我們得決定售價了。」

「說得也是，謝謝你的提醒，李維，你對做生意真是越來越上手了。」

　　李維和媽媽一年前來美國，跟著經營乾貨店的哥哥約拿斯和路易斯，幫忙賣布料、紡織品、衣服，還有老百姓生活需要的日用品。

　　李維不但工作勤奮，還常有新點子。他覺得過往旅客那麼辛苦趕路，整條街卻連一個歇腳的地方也沒有，如果能為他們提供便利，在店前走廊擺設一些搖

椅，讓他們坐下來休息，說不定之後會走進店裡逛逛。兩個哥哥從沒想過，覺得不妨一試，反正也可以順便出售那些搖椅，就聽了小弟的建議。

結果廊下搖椅成了他們商店的招牌特色。趕路旅人認得這家店，進來補充旅行的必需品；情侶們相約在這裡碰面，逛店買小東西送給對方；附近居民在這裡相聚話家常，順便添購日用品。一樣是乾貨店，因為李維多了那一份巧思，使他們的生意更加興隆。

不過李維想的可不只這些。他心裡懷的是橫跨美洲，開創自己事業的夢想。

創業去！

那天打烊結帳後，李維來跟兩個哥哥商量一件大事。

「哥，我想到西岸去開一家乾貨店。」

兩個哥哥沒料到他會有這個請求，嚇了一跳。

「李維，你若想開店，我們在東區幫你開一家，不用跑到西岸。」約拿斯真心想幫小弟創業。

路易斯附和:「對啊，在紐約開店，我們可以互相照應。」

李維解釋:「現在好多人都去加州淘金，那裡的人一定很需要各種貨物。我去了，就能成為你

們西岸的代銷商，建立橫跨美國的連鎖店。」在那個美國東西兩岸還沒道路相通的年代，李維的計畫聽起來實在太不可思議。

不過兩個哥哥都能了解李維的夢想。他們自己當初就是提著小皮箱漂洋過海，從歐洲到美國白手起家。冒險犯難、大膽創業的血液，流在這一家每個人的體內。

哥哥們給了李維許多貨物，

讓他一邊旅行一邊販賣，維持生計。因為那時還沒有橫跨美國東西的鐵路和公路，李維一路坐馬車、火

車、船，先到南美，途經巴拿馬，繞一大圈，終於到了加州。

一到舊金山，李維馬上用自己的名字當店名，開了「李維・史特勞斯公司」，住在紐約

的哥哥姐姐們源源不斷的供應他貨品，使他比其他舊金山的生意人更占優勢。只是李維一點也不甘於只當個雜貨商，他總想著還能為別人做些什麼。

這一天，正當李維盤算著要不要發送買一送一的促銷券給附近的居民，好讓他們把庫存的夏衣買走，預備秋裝進

貨，一位老顧客走了進來。

李維馬上抬頭招呼：「最近好嗎，理查？」

「不好，」理查抱怨，「你看我這褲子，一天到晚破了補，補了破。要是你的店能賣布料牢固的褲子，我們礦工一定感激不盡。」

理查買了針線就走，李維卻陷入沉思。礦工的衣服大多是棉布做的，質料單薄，經不起挖礦的折騰，很容易破。有錢人穿的法蘭絨、軟呢、毛紗，質料比較好，可是礦工買不起，也不適合穿著做工。

正當李維苦苦想著要怎麼解決這個問題時，忽然看到架子上

那些做帳篷的帆布，靈感一現：

「有了！」

「有什麼？」宇新睜大了眼睛。

「他找了一位裁縫師傅，」媽媽把菜放下油鍋裡炒。「讓他用帆布縫成一條褲子，拿去送給那位老顧客。那個客人穿著到處炫耀自己耐磨耐穿的褲子，於是大家搶著要來訂購，李維就開始製作以自己名字為品牌的工作褲。」

「這就是現在的牛仔褲？」

「還不完全是。有一天他接到一位叫雅各‧戴維斯的裁縫從內華達州寄來的信，說有礦工向他反映工作褲的口袋不牢固，東西常掉出來。他想了個辦法，把金屬鉚釘釘上褲子口袋，果然口袋就不容易鬆脫了。雅各很想申請專利，大量生產有這種鉚釘口袋的褲子，可是付不起八十一塊的專利申請費，因此希望能和李維合作。」

「那李維怎麼想？」宇新關心的問。

「李維老早就有心幫助礦工，好讓他們生活更容易一些，他覺得這個主意好極了，馬上出錢投資。」媽媽盛起菜，擦乾鍋子，把魚放下去煎，繼續說：「李維的心願就是要讓礦工們能穿上一條

做工時不顯髒也穿不壞的褲子。」

媽媽把晚餐菜餚一道一道從廚房端到餐桌，宇新也跟著廚房、飯廳來回走。

「不對呀，」宇新心裡起了疑問，「他為了別人的好處，製造穿不壞的褲子，結果大家不再需

要向他買縫補用的針線、布料，
也不需要多買褲子，他賺什麼錢

呢？怎麼能變成大富翁呢？」

　　這時門鈴響起，「對了，對
面李太太說要來看食譜。」媽媽起
身去開門，宇新決定趁機回房，
好好瞧瞧剛才被他丟在床上的那
條「穿不壞的褲子」。

　　宇新一走進房門，嚇了一大跳。眼前是一間大辦公室，他的房間呢？

　　「借過一下。」兩位工人抱著一個沉重的箱子走過來，宇新趕快讓位。

　　「史特勞斯先生，最新一批牛仔褲到了，要放哪裡？」一臉絡腮鬍的工人問著。

　　「就放那裡吧。跟你們說過多少次了，李維，叫我李維就好。」

　　「那怎麼行？史特勞斯先生，您是大老闆，我們是小工

人。」

「別胡說八道，什麼老闆、工人，我們都是上帝創造的平起平坐的人，沒有尊卑貴賤的區分。」

「呵呵，史特勞斯先生，哦，不，李維，外面還有好幾箱，我們繼續去搬。」

「好，好，辛苦你們了。」叫李維的男子一臉笑容的說完後，看到站在一旁的宇新。「你是……？」

「我叫宇新！」天啊，這就是傳說中的李維嗎？「你是那位做牛仔褲的李維嗎？我剛聽說了你的故事！為什麼你們會在我的房間？」

李維興味十足的看著宇新：

「你的房間？這裡是舊金山貝特立街的李維・史特勞斯公司，歡迎光臨。」

李維做個手勢，請宇新坐下。「你剛聽了我的故事？有什麼想法嗎？」

「有。為什麼你做的褲子穿不壞？」

「哈哈，」李維拿起旁邊的一條牛仔褲解釋：「為了讓工人挖金礦時有耐穿耐磨的褲子，我想出用帆布來做工作褲。不過帆布很粗硬，我現在已經改用也很堅固，可是質料比較舒服的丹寧布做褲子。」

「有看到這五個口袋嗎？」李維得意的指著，「我加的！這樣

礦工挖礦時，就有地方放他們挖出的金塊。我的合夥人雅各很棒，為了讓口袋牢固有張力，還釘上鉚釘，金子才不會上面裝，下面掉。」李維開朗的哈哈大笑。

「為了不讓礦工做完工時，褲子看起來髒兮兮，還把褲子染成藍色。我希望這是一條他們喜歡穿，也一輩子穿不壞的褲子！」

「可是，」宇新提出他內心最關心的事，「如果一條褲子能穿很久，大家不再需要向你多買褲子，你賺什麼錢呢？怎麼能變成大富翁呢？」

祕書若瑟芬小姐此時突然進來，說：「抱歉，容我打岔。李維，你資助建造的猶太教堂落成了，他們請你去參加啟用典禮。這裡是優利克慈善機構剛來的信，他們感謝你持續照顧孤兒、寡婦、窮人。請在這個單子上簽名，這筆錢將依照你的囑咐，在加州大學設二十八個獎學金。

還有，要捐助加州聾啞學校的善款，是要從第五街銀行的帳戶開

出嗎？」

李維和祕書交代完事後，回頭看到宇新身上的褲子，驚喜的說：「啊，你今天就穿牛仔褲！」

「對呀，」說起這條褲子，宇新就興奮了，「我今天就穿著它尋寶，所向無敵、旗開得勝！我哥哥姐姐平時都穿牛仔褲上學。我媽逛街、做家事時，穿的也是牛仔褲。」

「我想你已經解答你剛才的問題了。」李維微笑著說：「自從我們的牛仔褲問世後，不只礦工覺得這是很棒的褲子，工人的

家人、朋友們也覺得牛仔褲既實用又實惠，大家都來買，變成了流行。最後不只工人，社會每個階層的人，不管做什麼工作，都覺得生活中不可少一條牛仔褲，現在已經變成了美國人的生活必需品。你想想，全美國的人都來向你買褲子，能不賺大錢嗎？」

「而且，小兄弟，賺

LEVI STRAUSS &

大錢並不是我開發牛仔褲的目的。我不認為財富會帶給人真正的友誼和快樂，因為人一有了錢，為了鞏固自己的財富，很容易就成為金錢的奴隸。我倒認為若先想想能怎麼幫助別人，讓大家都擁有美好的生活，上帝就親自來幫助你了，一點都不必操心錢財的事。」

「是嗎？」宇新低頭看著自己身上的牛仔褲，心裡想，李維說全美國的人都要牛仔褲，其實牛仔褲早就是全球的流行時尚了，不管是達官貴人或是市井走卒，每個人都穿牛仔褲。李維創造

這麼大的事業，居然只是為了幫助別人。先做對的選擇，其他的需求就會自然被滿足？

　　宇新正想著李維的話，忽然有個人過來搖他的肩膀。「宇新，宇新，醒醒！怎麼會抱著你的髒牛仔褲睡著了？把褲子丟到洗衣機裡，你也去洗個澡，馬上要開飯了！」媽媽把宇新拉起。

　　剛才是夢嗎？一定不是。宇新低頭看著他的牛仔褲。這不只是一條發財褲，更是善心褲。他拿起髒牛仔褲走向浴室，覺得他們都需要洗心革面一下。

李維・史特勞斯

LEVI STRAUSS

1829
2 月 26 日出生於德國巴伐利亞地區布騰海姆鎮的一個猶太家庭

1846
父親患肺病去世。哥哥約拿斯和路易斯前往美國打天下

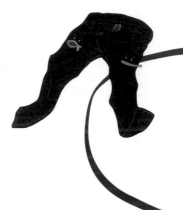

1848
- 隨媽媽和兩個姐姐到美國紐約投靠哥哥們
- 加州發現金礦，掀起淘金熱。李維啟程西行，先到肯塔基州經商，賣哥哥們供應的貨物

1872
接到內華達州裁縫雅各・戴維斯的信，請求協助申請褲子鉚釘專利，應允並投資生產

1853
- 1 月成為美國公民，2 月再度出發。因當時還沒橫跨美洲的鐵路，先到南美，途經巴拿馬，繞一大圈到舊金山
- 創設自己的商店

1873
拿到專利許可，將帆布改為丹寧布，開始大量生產

1874
姐夫去世，他們的四個兒子跟著舅舅學習經商

1877
成為舊金山商會的創會會長

寫書的人

王明心

　　讀的是英國文學和兒童教育，做的是教師、記者、語言專員，目前擔任北卡書友會會長、北美華文作家協會理事。最喜歡的身分是童書作者，曾獲金鼎獎、最佳少年兒童讀物獎、小太陽獎、好書大家讀推薦獎、新聞局推介中小學生優良課外讀物、阿勃勒獎、國民中小學新生閱讀推廣計畫選書等。

　　喜歡讀童書，喜歡為孩子寫書，覺得是全世界最美妙的創意工作，希望心靈能和孩子一般，日日更新。

畫畫的人

放藝術工作室（FUN art studio）

　　藏身於新竹縣竹北市的一棟老公寓裡，老舊的外觀讓人卻步，但來到二樓的「放」，就會不想走了。像回到家，可以「放」輕鬆的玩藝術，在創作中 have FUN。主要的服務項目為藝術教育、平面插畫設計、皮革手作。

網址：www.facebook.com/funartstudio

1890
讓姐姐的四個兒子正式成
為公司法定合夥人，個人
企業擴展成家族企業

1897
為加州大學柏克萊分校
設立 28 個獎學金

1902
9 月 26 日去世，
享年 73 歲

適讀對象：
國小低年級以上

創意 MAKER

創意驚奇雲

飛越地平線，
在雲的另一端，

創意 x 無限

撥開朵朵白雲，你會看見一道亮光……

是 **創意 MAKER** 的燈泡亮了！

跟著它們一起，向著光飛翔，由它們指引你未來的方向：

（請依直覺選擇最具創意的顏色）

選 的你
請跟著畢卡索、艾雪、安迪·沃荷、手塚治虫、鄧肯、凱迪克、布列松、達利，在各種藝術領域上大展創意。

選 的你
請跟著盛田昭夫、7-Eleven創辦家族、大衛·奧格威、密爾頓·赫爾希，想像引領創新企業的挑戰。

選 的你
請跟著高第、樂高父子、喬治·伊士曼、史蒂文生、李維·史特勞斯，體驗創意新設計的樂趣。

選 的你
請跟著麥克沃特兄弟、格林兄弟、法布爾，將創思奇想記錄下來，寫出你創意滿滿的故事。

本系列特色：

1. 精選東西方人物，一網打盡全球創意 MAKER。
2. 國內外得獎作者、繪者大集合，聯手打造創意故事。
3. 驚奇的情節，精美的插圖，加上高質感印刷，保證物超所值！

還有！還有！

內附注音，小朋友也能「自·己·讀」！
創意 MAKER 是小朋友的必備創意讀物，
培養孩子創意的最佳選擇！